Inhalt

Konjunktur im Abschwung - die Finanzmarktkrise greift nach der Realwirtschaft

Kernthesen

Beitrag

Fallbeispiele

Weiterführende Literatur

Impressum

Konjunktur im Abschwung - die Finanzmarktkrise greift nach der Realwirtschaft

R.Reuter

Kernthesen

- Insbesondere die Automobilhersteller leiden derzeit unter schwachen Verkaufszahlen.
- Andere Branchen stehen noch vergleichsweise gut da, spüren aber ebenfalls, dass härtere Zeiten bevorstehen.
- Die Bundesregierung hat darum ein Konjunkturprogramm beschlossen, das die schlimmsten Folgen einer Rezession verhindern soll.

Beitrag

Während der Arbeitsmarkt noch mit hervorragenden Zahlen glänzt, geht in den Wirtschaftsbranchen die Angst um. Dass die Krise kommt, steht nicht mehr in Frage das Ausmaß allerdings schon.

Automobilhersteller in der Krise

Die internationale Finanzkrise, die im letzten Jahr als Subprime-Krise einen vergleichsweise beschaulichen Anfang nahm, nimmt die weltweite Konjunktur langsam in den Griff. Hart trifft es derzeit die deutschen Automobilhersteller. BMW meldet Gewinneinbrüche, Mercedes will in Stuttgart ab dem 11. Dezember die Produktion aussetzen. Auch Skoda und Seat, die beide zum Volkswagenkonzern gehören, lassen die Bänder langsamer laufen. Bei Opel und Ford sieht es nicht anders aus. (1)

Bauwirtschaft noch unberührt

Weniger Auswirkungen verzeichnet die Bauwirtschaft. Die vollen Auftragsbücher garantieren der Branche zunächst einmal einen unbeschwerten Herbst. Der Essener Branchenführer Hochtief erwartet einen Auftragseingang und -bestand auf dem Niveau des Vorjahres. (1)

Einzelhandel bleibt verhalten optimistisch

Traditionell sparen die Deutsche mehr als andere, was sie insbesondere von den US-Amerikanern deutlich unterscheidet. Der Einzelhandel wünscht sich dies anders, musste die Branche doch in den vergangenen Jahren damit leben, dass der Konjunkturaufschwung nicht in den eigenen Kassen ankam. Für das Weihnachtsgeschäft ist der Einzelhandel verhalten optimistisch, stellt sich aber darauf ein, dass die schwierige Konjunkturlage die Kaufzurückhaltung weiter befördern könnte. (1), (3)

Zuwächse trotz Abschwung

Auch die in den letzten Jahren vom Boom verwöhnte Elektronikindustrie rechnet weiter mit Zuwächsen. 2008 soll die erhofften vier Prozent Anstieg bringen, und auch für das nächste Jahr erwartet die Branche ein kleines Plus. Der Optimismus gründet sich auf das nach wie vor bestehende, starke Interesse der

Schwellenländer an deutscher Telekommunikations-, Energie- und Bahntechnik. In Europa werden Automation und medizinische Geräte aus deutschen Fabriken weiterhin stark nachgefragt. Verbrauchernahe Produkte wie Kühlschränke und Radios hingegen bleiben derzeit in den Auslagen stehen.

Im Vergleich mit 2007 wird dennoch deutlich, dass auch die Elektronikindustrie vom Abschwung erfasst ist. So lag der Auftragseingang im August dieses Jahres um neun Prozent unter dem Vorjahreswert. Die Auslandsaufträge nahmen dabei um 16 Prozent, die Inlandsnachfrage um drei Prozent ab. (1), (2)

Handwerk bleibt gelassen

Handwerk hat goldenen Boden, was sich in der Krise bewahrheiten könnte. Die Branche verzeichnet ein unvermindert gutes Geschäft mit gewerblichen und öffentlichen Auftraggebern. Bei Privatkunden sehen die Handwerker hingegen weiteres Potenzial, wofür aber die staatlichen Förderprogramme ausgeweitet werden müssten. Der Zentralverband des Deutschen Handwerks hofft auf weiter Maßnahmen der Politik, um die erwarteten Folgen des konjunkturellen Abschwungs abzumildern. (1)

Maschinenbau sieht Stagnation voraus allerdings auf hohem Niveau

Auch wenn die Auguren dem Maschinenbau schwierigere Jahre prognostizieren, ist die Lage derzeit doch immer noch gut. Im September hat die Erfolgsbranche mehr Aufträge erhalten als im Vorjahreszeitraum, was nicht dafür spricht, dass es den Maschinenbauern jetzt an den Kragen geht. Zurzeit erwartet der Branchenverband VDMA für 2009 eine Stagnation, die allerdings auf einem Niveau angesiedelt ist, das höher kaum sein könnte. Seit 2004 hat der Maschinenbau um insgesamt 40 Prozent zugelegt.

Schlecht sieht es indessen bei den Druckmaschinen- und den Textilmaschinenherstellern aus. Derzeit erleben die Textilmaschinenhersteller den schwersten Einbruch seit dem zweiten Weltkrieg: In der ersten Jahreshälfte 2008 sank der Auftragseingang um 42 Prozent. Schwache Zahlen präsentieren auch die Druckmaschinenhersteller, wie etwa Koenig & Bauer (KBA). Das Unternehmen erwartet für 2008 einen Verlust und will mehrere 100 Arbeitsplätze streichen.

(1), (2)

BASF: Gute Zahlen, schlechte Aussichten

Eine rückläufige Nachfrage verzeichnet derzeit die Chemiebranche. Der weltgrößte Chemiekonzern BASF stellt sich darum auf härtere Zeiten ein und hat ein Sparprogramm aufgelegt. Dass zur Panik kein Anlass besteht, zeigen allerdings die Zahlen des dritten Quartals: Hier hat BASF seinen Umsatz noch um 13 Prozent steigern können. (3)

Leiharbeitsbranche im Abwind

Deutliche Bremsspuren verzeichnen die Leiharbeitsfirmen. Bislang konnte sich die Branche an großen Erfolgen erfreuen, was sich seit dem Sommer aber immer mehr ändert. Nach zwei guten Quartalen mussten Manpower und Co. erstmals stagnierende Umsatzzahlen melden. Vor allem die Autobauer ordern derzeit kaum Leiharbeiter oder schicken sie sogar zurück. Adecco hat daher schon Mitarbeiter entlassen, will von einem Einbruch allerdings noch nicht sprechen. (4)

Konjunkturprogramm der Bundesregierung

Die schon seit Jahresbeginn diskutierte Konjunkturspritze rückt langsam näher. Derzeit plant die Bundesregierung eine Entlastung der Wirtschaft in zweistelliger Milliardenhöhe. Zu den Hauptmaßnahmen zählt es, den Unternehmen zwei Jahre lang bei der Anschaffung neuer Maschinen steuerlich entgegen zu kommen. (5)

Automobilabsatz soll angekurbelt werden

Ein wichtiger Teil des Wachstumspaketes ist die Förderung des Autoabsatzes. Die Bundesregierung will den Kauf von Neuwagen fördern, indem sie für schadstoffarme Autos zwei Jahre lang auf die KFZ-Steuer verzichtet. Umstritten ist, welche Fahrzeuge begünstigt werden sollen. In der Diskussion sind Neuwagen, die den Abgasnormen Euro 5 und Euro 6 genügen. Die Idee stieß allerdings auf Kritik, da auch ausgewiesene Spritfresser in den Genuss der

Förderung kommen. (6)

Fallbeispiele

Notenbanken senken die Zinsen

In aller Welt sind die Notenbanken bemüht, durch Zinssenkungen die Kreditkosten zu reduzieren und so die Folgen der Finanzkrise zu mildern. Zinssenkungen haben bisher die amerikanische Federal Reserve sowie die Zentralbanken in China und Norwegen beschlossen. Es wird erwartet, dass die Europäischen Zentralbank (EZB) und die Bank of England nachziehen. Zuletzt hatte die US-Notenbank den Leitzins um 0,50 Prozentpunkte auf 1,0 Prozent abgesenkt. Experten gehen davon aus, dass die Zinshöhe geraume Zeit auf diesem Niveau bleiben oder sogar noch einmal abgesenkt wird. (7)

Mercedes stoppt Produktion

Ab dem 11. Dezember will der Daimler-Konzern die

Produktion am Standort Stuttgart aussetzen. Auch bei Opel in Bochum soll den gesamten Dezember über nicht gearbeitet werden. Die Automobilhersteller wollen den Einsatz von Leiharbeitern deutlich reduzieren. (8)

Die Börsen zieht es nach unten

Die Angst vor einer drohenden Wirtschaftskrise hat die Börsen weltweit nach unten gezogen. Der Dow Jones gab seit Anfang des Jahres von über 13 000 auf unter 8 200 Punkte nach. Ähnlich hohe Verluste verzeichnet der japanische Nikkei. Der Dax hat seit Beginn des Jahres etwa die Hälfte seines Wertes verloren. (9)

Weiterführende Literatur

(1) Stille Bänder
aus WirtschaftsWoche NR. 044 VOM 27.10.2008 SEITE 030

(2) Maschinenbau überrascht mit Auftragsplus
aus Handelsblatt Nr. 211 vom 30.10.08 Seite 18

(3) Mit voller Wucht // MAN, Conti und BASF erwarten schwere Zeiten und künden

Sparprogramme an. Metro hält sich wacker
aus Der Tagesspiegel Nr. 20071 VOM 31.10.2008 SEITE 019

(4) Die Zeitarbeit trifft es zuerst // Branche gilt als Frühindikator. Zahlreiche Entlassungen gibt es bereits // ARBEITSMARKT. Die Krise kündigt sich an
aus Der Tagesspiegel Nr. 20071 VOM 31.10.2008 SEITE 018

(5) 25-Milliarden-Euro-Paket für die Wirtschaft
aus WirtschaftsWoche online vom 20081030, 09:04:40

(6) Auto-Boom soll Konjunktur retten
aus Handelsblatt Nr. 212 vom 31.10.08 Seite 5

(7) Notenbanken bekämpfen Rezession
aus Handelsblatt Nr. 211 vom 30.10.08 Seite 32

(8) Mercedes stoppt Produktion
aus Rheinische Post Nr. 251 vom 27.10.2008

(9) Rezessionsangst verstört die Märkte
aus Handelsblatt Nr. 209 vom 28.10.08 Seite 1

(10) Arbeitsmarkt // Keine Angst vor 2009 // Von Alfons Frese
aus Der Tagesspiegel Nr. 20071 VOM 31.10.2008 SEITE 001

Impressum

Konjunktur im Abschwung - die Finanzmarktkrise greift nach der Realwirtschaft

Bibliografische Information der deutschen Nationalbibliothek

Die Deutsche Nationalbibliothek verzeichnet diese Publikation in der deutschen Nationalbibliografie; detaillierte bibliografische Daten sind im Internet über http://dnb.d-nb.de abrufbar.

ISBN: 978-3-7379-1646-2

© 2015 GBI-Genios Deutsche Wirtschaftsdatenbank GmbH, Freischützstraße 96, 81927 München, www.genios.de

Alle Rechte vorbehalten. Dieses Werk ist einschließlich aller seiner Teile – z.B. Texte, Tabellen und Grafiken - urheberrechtlich geschützt. Jede Verwertung außerhalb der Grenzen des Urheberrechtsgesetzes bedarf der vorherigen Zustimmung des Verlags. Dies gilt insbesondere auch für auszugsweise Nachdrucke, fotomechanische

Vervielfältigungen (Fotokopie/Mikroskopie), Übersetzungen, Auswertungen durch Datenbanken oder ähnliche Einrichtungen und die Einspeicherung und Verarbeitung in elektronischen Systemen.